오래된 통장

한명숙 시집

문학의전당 시인선
366

오래된 통장

한명숙 시집

문학의전당

시인의 말

끝까지 움켜쥐고 놓을 수 없었다.

내 것이 될 수 없다는 순간들조차
모른 척할 수 없었다.

내 편이 되어준
시가 있어 다행이다.

2023년 8월
한명숙

차례　　　　　　　　　시인의 말

제1부

도돌이표　13
행복미용실　14
손톱　16
말의 뼈를 찾다　18
달리기는 싫어　20
어른이 된다는 건　21
값을 한다는 건　22
마음의 빚　24
그늘이 된다는 건　26
소녀가장의 눈물　27
편안하신가요?　28
동행　30
이월　31
이력서를 쓰며　32
오래된 통장　34

제2부

잔소리　37
천사에게　38
방과후교실　40
용기 내기　41
소리가 전하는 이별 연습　42
소리도 찍힐까　44
지칭개　45
선재길 걸으며　46
편지　48
고발합니다　49
곰돌이 인형　50
듣는다는 것은　52
80분　53
방망이날개무희새　54
갯골생태공원　56

제3부

따듯한 저녁　59
평범한 다짐　60
팔불출이라도 좋아　62
짝퉁시대　64
진즉에 알았더라면　65
봄은 멀다　66
견딘다는 건　68
산빛　69
길 찾기　70
봄을 기다리며　72
사진 속으로　73
수선사에서　74
세월 가는 줄 모르고　75
소리가 사라졌다　76
일기장　77
행복　78

제4부

수수밭 뉴스　81
한 여자의 생일　82
추억의 입맛　84
요양원 가는 길　85
개발제한구역　86
사진 한 장　88
동강할미꽃　89
꼰대의 힘　90
봄 편지　92
아름답고 그리운　93
머위 쌈　94
달빛　96
변방에서　97
순천만에서　98

해설 | 시간의 흔적, 혹은 의지의 기록　99
백인덕(시인)

제1부

도돌이표

똑같은 문제를 만나도
당당해질 수 없는 어른이 되어
눈치만 살피게 되고
바닥으로 곤두박질하는 사이
세상은 먹구름이 가득하다

괜찮다, 그 까짓것
주먹을 움켜쥐고 심호흡을 해봐도
며칠을 버티지 못하고 주저앉는
볼썽사나운 꼴을 들키게 될까 봐
마음은 이미 거미줄에 갇힌
한 마리 나비가 되어버렸다

누가 뭐래도 내 길을 갈 거라고
스스로 주문을 걸며
포기하지 말라 응원하지만
하루에도 수백 번 다짐과 포기를 저울질하는
이 심사를 어쩔거나

행복미용실

행복미용실에 동네 여자들이 모여든다
명품만 밝히는 시누이를 내쫓을 궁리에 바쁜 여자는
거울 앞에서 그리다 만 반쪽 눈썹을 그린다
죽기 전에 명품 한번 써볼 수 있으려나
발톱에 빨간 매니큐어를 바르던 여자도 한마디 거들고
주근깨투성이 미용실 원장은 은빛 가위를 위아래로 흔들며
—어머머, 어쩜, 그건 아니지. 명품 그까짓 것이 뭔데 그래.
봇물 터지듯 온 동네 가정사가 불려 나온다
살림살이가 뒤집어졌다가 깨지고 부서지고
이리저리 쓰레기처럼 구르다 제자리를 잡는다

일회용 커피를 마신 종이컵이 수북하게 쌓이고
지독한 파마약 냄새가 진동한다
원장의 남편은 십여 년째 출장 중이다
그래도 일주일에 한번 시부모 모시고
외식은 물론 해마다 해외여행도 간다
동네 여자들이 모여들어 *끄*집어내는 이야기가 내 일인 양
목젖이 불콰하도록 헐뜯고 욕하다 보면 그녀도 모르게

자신의 처지는 까맣게 잊고 후련해지는 것일까

허공을 가르는 가위질이 용수철처럼
형광등 불빛을 쥐었다 폈다 하는 동안
세상의 불합리한 것들을 응징한 듯
원장의 주근깨 얼굴 윤곽이 더 뚜렷해진다
행복미용실에선 온 동네 여자들의
고민과 분노를 풀어헤치는 성토대회가 열린다

손톱

평생 죽어라 공사판 전전하며 살아도
주먹에 쥐어지는 것도 없이 떠돌아다니는
이년의 팔자는 개도 안 물어갈 것이여,

구석으로 내몰린 삶이라도 좋으니
이 한 몸 써줄 곳이 있다면 이야,
개 같은 세상이라도 조금 더 살아볼 텐데
푸념이 지나가는 바람의 목덜미를 움켜쥐고
한 대 쥐어박을 것 같은데
세상은 호락호락하지 않아
아무도 거들떠보질 않는다

땟국물 전 앞치마를 휘휘 둘러 입으며
에라이, 이 양심이라곤 손톱만큼도 없는 놈들아
맛있다고 손가락 치켜들 땐 언제고
꼴 난 밥값 떼먹고 도망간 놈들아,
니들만 잘 처먹고 잘 살면 다냐

허공에 대고 욕지거리라도 하고 나면
속이라도 후련해지려나,
눈꼬리 짓무르고 눈물도 말라버린 그녀
하늘도 민망한지 먹구름만 가득하다

말의 뼈를 찾다

―여러분, 우리 지역의 큰 일꾼이 오셨습니다

선거 벽보에서 본 적 있는,
선거유세 중 몇 번씩 손을 잡아주던 얼굴
못 본 척 등 돌린 사람에게도
자리마다 돌아가며 손을 내민다

어색하게 일어나 자리를 옮기거나
주춤거리는 사람들 틈에서 툭 튀어나온 말
―누가 초대한 거야? 분위기 망치게
―정치인들 말 믿은 적 없지만, 한 게 뭐가 있다고

가족처럼 즐겁게 보내자던 모임
찬물 끼얹은 듯 싸늘한 분위기
입담꾼 사회자의 걸쭉한 농담에도
굳은 표정으로 바라볼 뿐 아무도 웃지 않는다

누군가 작심한 듯 내뱉은 말을

아무렇지 않은 척, 못 들은 척 미소 지으며
마지막 한 사람까지 손잡으시는 의원님,
미소 속에 감춘 속내가 궁금하다

달리기는 싫어

만국기 펄럭이는 운동장 무서웠다
죽어라 달려 봐도 언제나 꼴등인걸
응원 온 엄마 앞에서
창피해서 울어버렸다

한 번쯤 보란 듯이 일등 도장 받고 싶어
달님 보고 도와달란 편지도 써봤지만
이십 리 먼 길 달려
학교 오는 친구 당할 수 없어

달리기 아니라면 뭐든지 자신있어
배구도 높이뛰기도 공부도 내가 낫지
그래도 달리기만은
내겐 틈을 주지 않았다

어른이 된다는 건

어른이 된다는 건 생각보다 힘들다
엄마가 야속하다 원망하던 일들이
어쩔 수 없었다는 걸
모르는 게 좋았다

내 맘을 알면서도 모르는 척 혼내는
엄마를 이해하려 해봐도 안 되더니
삼십 년 엄마인데도
몰라주는 아들이 서운하다

엄마가 된다면 그러지 말아야지
스스로 정한 것도 지키지 못하면서
의욕만 앞섰나 보다
아들의 눈물이 아프다

값을 한다는 건

태어난 값을 하기 위해 최선을 다하는
사람이 되어야 한다고 했다
자리에 맞는 몫을 하고 살고 있는지
그리운 마음을 가져도 어울리는 관계였는지
묻고 싶은 날도 있다
누구나 저마다 자신의 위치에서 살아가는 동안
땀 흘리고 있다는 걸 알면서도
은근슬쩍 묻어가려는 사람들 틈에서
내 자리를 지킨다는 건 고독한 행군이다

뼈가 부서져라 온몸 불사르며 일해도
제값 받기 힘들다는 하소연이 쏟아져도
시간이 지나면 까맣게 잊고 마는 현실
제값을 위하여!
외침만 무성할 뿐 어쩌란 것인지
머리를 싸매고 들여다봐도
움츠러드는 어깨만 늘어난다

낙타가 바늘구멍을 통과하기보다 힘들다는 그곳엔

새로운 법안을 만들겠다고 날마다 외쳐도

제값을 위해 온몸으로 뛰는 사람들

얼마나 될까!

마음의 빚

마음처럼 단번에 잘 오므려지질 않는다
손바닥을 마주 보고 천천히 손가락을 오므려본다
어린아이처럼 살살 달래가며
쥐었다 폈다,
쥐었다 폈다,
고집불통이다

아홉 식구 빨래와 집안 청소, 저녁밥 짓기
둘째 딸 최고라는 칭찬에 상처가 곪아 터져도
시키는 사람 없어도 즐겁게 했던 살림놀이,
평생 따라다니며 오지랖 떨더니 화근이다

비틀어진 손가락 벌겋게 부어올라
젓가락을 쥐어도 맥없이 풀려버린다
통증으로 밤잠 설치는 날이 쌓여간다
맛있게 먹어주는 모습에 뿌듯하고
손맛 좋다는 칭찬에 중독되어 살았던
시간은 독이 되었나 보다

류마티스, 퇴행성관절염
평생 몰라도 좋을 몹쓸 패를 덥석 받아버렸다

그늘이 된다는 건

표현하지 않아도
작은 미소와 눈빛만으로
서로가 서로에게
위안이 된다

힘들다
억울하다
죽고 싶다고
너나없이 토해내는
하소연에도

말없이 잡은 손
위안이 된다는 건
서로 그늘이 되어준다는
무언의 약속 숨 쉬고 있기 때문이다

소녀가장의 눈물

길가의 풀들도
눈부신 팔월의 태양을 견디지 못하고
고개를 늘어뜨리고 있는 오후

지하 단칸방 퀴퀴한 냄새를 피해
공원을 몇 바퀴나 돌았다
더위에 지친 어린 동생의 칭얼거림에도
아이스크림 하나 사줄 수 없는 누나는
동생을 달래기도 하고 어르기도 하다가

체념한 듯 동생 손을 가만히 놓고
그만, 돌아서서
퀭한 눈에 그렁그렁 눈물이 고였다

편안하신가요?

감히 여기가 어디라고, 썩 나가지 못해!
제가 어때서요, 저만큼만 정직하라고 하세요
품위 지키는 양반님들 별거 아니던걸요,
다 아시면서 역정 낸다고 달라질 건 없잖아요

그래봤자 넌 파리야,
파리 주제에 무슨 할 말이 있다고
흐흐, 무슨 말씀!
높으신 어른 앉은자리엔 더러운 게 더 많은걸요
보서요, 제자리보다 더 지저분하고 냄새나는 거
초강력 탈취제로 감춰지나요

내미는 카드마다 부결되는 여의도엔
밤마다 파리 떼가 극성을 부린다는 뉴스
마우스를 갖다 대면
머리를 숙인 사진 줄줄이 걸려 나온다

털어보면 그 밥에 그 나물인 것을

머리 벗겨진 늙은 파리 기어 들어가는 목소리
위로가 될 누군가 이 밤 편안하신가요?

동행

끼니를 거르는 게 일상이 되어버렸다
수없이 계단 오르락내리락
더 빨리, 더 많이
세상 떠난 동료 부음을 듣고
안타까움 전할 사이도 없이
화물칸 상자를 비워야만 했다

가을밤은
누렇게 바래가는 낙엽처럼 서걱거리고
꿈속에서도 사내의 일은 줄어들지 않았다

오늘도 사내는 한 잔의 술을 비워야 했다
술기운이 혈관을 타고 피돌기 하면
사내의 코 고는 소리 어둠을 끌어안고
긴박했던 하루의 역사는 멈추었다

이월

철부지 소녀처럼
금방이라도
꽃망울 죄다 터뜨릴 듯
다정한 바람의 언어,
언제 뒤통수를 칠지 몰라

앞면과 뒷면의 동전처럼
서로 알아보지 못하는
속내 알 수 없는 사건 사고,
목청 돋우며 외쳐대도
꿈쩍도 않는 세상

무거운 외투 받아주며
속삭이던 여유 비웃듯
폭설과 한파가 찾아왔다

이력서를 쓰며

어제까지만 해도
올 테면 와 봐,
얼마든지 해낼 수 있어
아직은 괜찮아
주먹 움켜쥐었건만

까다롭게 늘어난 조건 목록마다
아직은 나도 쓸 만하다고
자신있다 주문 걸어도
목울대를 통과하지 못하는
몇 개의 단어 벽을 세웠다

이대로 멈출 순 없어
손끝에 힘을 주어 꾹꾹 눌러 쓰는
새해 이력서!
젊은 강사들 틈에서도
당당하게 살아남을 수 있기를

세월은 빗금 하나 더 늘어났을 뿐인데
먹먹함으로 눈앞에 펼쳐지는 안개
경력으로 지워보련다

오래된 통장

 낡은 상자 속에 겹겹이 쌓여 있는 오래된 통장들을 보았다 입금보다 출금이 더 많았던 신혼이었다 계동 한옥마을 처마가 내려앉은 마당 없는 집이었다 문간방에서 주인집 발소리에도 예민하게 울던 아이를 업고 달래다 보면 새벽이 왔다 바가지에 떠놓은 물은 꽝꽝 얼고 아이의 발가락도 시퍼렇게 얼었다 아무리 따뜻하게 가계부를 써도 마이너스 기온은 올라가지 않았다 그럴수록 더 많이 웃었다 눈물이 헤픈 것보다 웃음이 헤픈 쪽을 택했다 가난했으므로 우린 서로의 벽이 되어 줄 수 있었다 잔고가 없어도 결코 버릴 수 없는 희망이라는 통장이 우리에겐 있었다

 슬프다 말할 수도 울 수도 없던,
 다들 그렇게 사는 줄 알았던 시절이 오래된 통장 속에 저축되어 있다

제2부

잔소리

미운 짓을 하더라도 예뻐하자고
버릇없는 행동을 하더라도 통 크게 봐주자고
수없이 다짐을 해도
물거품이 되어버린다는,
아이 엄마의 말이 하나도 틀리지 않았다

내려놓으면 마음은 편하겠지만
철없이 날뛰는 망아지 같은 사내아이들
하루가 한 달처럼 길고 두렵다는 엄마는
달래도 보고, 다그치기도 했지만
소귀에 경 읽기라며 울상이다

제 목소리만 내려는 아이들에게
조금씩만 내려놓고 양보하자는 말
잔소리로 들리나 보다
엄마도 아닌데 선생님은
툭하면 잔소리하는 엄마와 똑 닮았다 한다

천사에게

고사리손으로 삐뚤빼뚤 써 내려간
너의 편지가 내게로 오던 날
이별을 아쉬워하며 울먹이던
너의 글썽이는 눈빛을 잊을 수가 없다

방과후수업에서 만나 함께하면서
천사처럼 웃어주던 너
사계절이 지나는 동안
늘 웃는 모습으로 우리는 만났다

스승의 날이 지났는데도
곱게 만든 하트 편지를
잊지 않고 건네던 너를 꼬옥 안아주었지
콩닥거리는 너의 심장 소리와
그날 너의 일기가 기쁨으로 가득했다는
너의 어머니의 떨리던 목소리는
내게는 축복의 노래처럼 들렸다

네가 전학을 가고도
한 줄의 문장에 축복의 마음을 담은
너의 편지를 읽으며 너를 기억한다
항상 건강하고 행복하여라 나의 천사여!

방과후교실

해볼 테면 해보라는
귀여운 악동들의 행동을
보고도 못 본 척해야만 하는 게 옳은 것일까

어린 눈동자 빛나게 하는
천진함은 어디 숨기고
어른 흉내 내기에 즐거워하는
탁구공 같은 행동을

멈출 수도 없고
모른 척할 수도 없는
하루하루가 극한 체험의 현장
방과후교실

꽃피는 봄이 오면
녀석들의 눈에도 꽃이 보일까
서리 낀 교실에도 꽃이 피려나

용기 내기

고요한 일상이 두려워졌다
무슨 일이 일어날 것만 같다
뼈대가 없는 생각은 으름장을 놓고
묵직한 것이 뒷덜미를 낚아챌 것만 같다

세상은 이미 자신의 기준으로
판단해 버리는 데 익숙하다
아니라고, 그런 게 아니라 해도
귀담아들으려 하지 않는다

마음 들볶지 말고
이쯤에서 멈추는 것도 용기라고
여기까지,
여기까지만 하면 된다고
더 이상은 패배자가 아니라고
스스로 다독이며 살아남기로 했다

소리가 전하는 이별 연습

가열차게 울다가도
슬그머니 잦아드는 소리를 따라 멈춘 숲의 표정에서
이별의 기운을 감지한다
지칠 줄 모르던 태양의 몸짓을 장하게 버텨내더니
스스로 떠날 준비를 하고 있다

세상은 시끄러운 일들로 요동치고 있지만
언제나 그랬듯
자신의 자리에서 온전히 몸으로 부딪쳐 빛날 줄 알고
때가 되면 망설임 없이
접을 줄 아는 저 순리에 숙연해진다

검푸르던 숲은 어느새
또 다른 계절의 밑그림을 그리고 있다
내게서 떠나간 이들의 안부가 그리운
나의 의중을 이미 알고 있는 것처럼
소리가 전하는 이별의 순간을 색칠하고 있다

하여, 소리를 따라
천천히 스며드는 익숙한 이별을 연습하고 있다

소리도 찍힐까

노랗게 물든 억새 하얗게 웃는다

바람이 휘리릭 지나가며
허리를 쓰윽 훑고 달아난다

스삭스삭 스삭스삭 스스삭,

바람 소리도 찍어볼까

벌써 눈치챘나 보다
카메라 버튼을 누르려는 순간
머리카락 흩날려 시야를 덮어버리고

목덜미 쓰윽 훑고 달아나 버리는
가을날 오후

지칭개*

사방에 널려 있다고
함부로 다루지 마라

열기와 독을 내려주고
지친 간을 다스려주는 약손이란다

고독한 사랑이라고
어찌 하나뿐인 사랑을 포기하련가

지치고 깨어지더라도
일어나 달려야 하는 것을!

---

*지칭개: 중부지방 이남의 밭이나 들에 흔하게 자라는 두해살이풀.

선재길 걸으며

기대하던 단풍은 만날 수 없어
섭섭한 마음 물소리에 말갛게 씻기고
간간이 나타나는 설익은 단풍을 본다
잦은 비 내려 빛을 잃은 나뭇잎 위로하듯
계곡을 흐르는 카랑카랑한 물소리
가슴속을 뻥 뚫어준다

세상일이 그리 만만하던가
의지와는 상관없이 어긋나기도 하고
잘 다듬어 놓은 길을 만나기도 하는 것
부족하면 어떠랴,
내년에도 가을은 올 터인데

옮기는 걸음마다 말끔하게 씻긴 얼굴로
손을 잡는 가을 숲의 숨결이 상쾌하다
그래, 이거면 되는 거야
계곡이 깊을수록 한껏 치장한 단풍나무
높이 솟아오른 전나무 우듬지 끝

맴도는 까마귀 떼도 반갑다

파란 하늘 품은 계곡 물소리
오롯이 담을 수 없음이 안타까운
풍경 밖의 선재길

편지

푸른 하늘을 향해
그대가 가고 없는 이곳의 밀린 안부를 전하며
편지를 씁니다

소통할 수 없는 그리움의 언어가
희미하게 남는 날까지

아득히 멀기만 한
그대

바람결에 전하는 나의 안부가
첫눈처럼 그대에게 닿기를

고발합니다

앞으로 나아갈 것인가
한발 물러서서 타협을 할 것인가
살다 보면 만나게 되는 일들이지만
상대의 의견을 못 들은 척
배려와 소통 없는 행동에 매번 진이 빠진다

함께 해내야만 하는 일을 앞두고
하는 말마다 도를 넘는 언어
아무도 토를 달면 안 된다는
오만한 생각 멈추게 할 한 방이 필요하다

상처 되는 말을 서슴없이 내뱉고도
되레 이해할 수 없다며
얼굴 붉히는 저 쇠심줄 같은 사람을
고발합니다!

곰돌이 인형

품에 안고 애지중지
평생 함께할 것처럼
눈만 뜨면 찾던 나를

기쁠 땐 기쁨을
슬플 땐 슬픔을 나누며
가족처럼 지내온 시간을 까맣게 잊은 걸까
한 마디 상의도 없이 재활용 코너에
툭, 던져버리고
아쉬운 눈빛도 없이 돌아갔다

내일이면, 내일이면
생각나서 찾으러 올 거라고
밤마다 뜬눈으로 기다렸지만
모르는 척 내 앞을 스쳐가는 저 아이
내가 알던 그 아이가 아니다

이렇게 버릴 걸

왜 마음을 준 거냐고
달려가 붙잡고 물어볼까

듣는다는 것은

쓰레기통 옆 빈터,
반쯤 깨진 빈 화분 속에서
작은 몸짓이 세상을 향한 날개를 펼쳤다

죽은 듯 숨어 지내던 이름 모를 풀씨들
태풍이 스쳐 간 후 촉촉해진 화분 위로
나, 포기하지 않았다
지치지 않았다
당당하게 무리를 이뤘다

눈길 주지 않는 버려진 곳에서
오로지 바람과 햇빛과 공기의 숨소리 듣고
스스로 살아나려는 의지가 닿아
세상의 부름을 받았나 보다

80분

육십갑자 넘겼더니
별것 아닌 일에도 눈치가 보인다

말귀가 트이지 않은 꼬마들을 모아놓고
목이 쉬도록 설명을 해도
하나둘 차근차근 일러줘도
눈만 말똥말똥

이것이 마지막이라 생각하는 공개수업
목울대가 뜨거워지는 80분

이젠 끝이라고,
그럴 거라고,
그럴 거라고,

방망이날개무희새

방망이날개무희새는
날개로 고주파 소리를 낸다
바이올린을 켜듯
구애 작전을 하는 노력이 짠하다

리듬을 만들며 구애를 하는
수컷마다 리듬이 다르다
암컷의 마음을 사기 위해
처절한 몸짓의 방망이날개무희새

초당 80회의 날갯짓으로 소리를 내느라
날개는 가벼움을 포기하고
무거운 방망이를 달고 산다

노력한다고 다 이뤄지지 않는 걸 알면서도
암컷에게 선택받기 위한 수컷들의 광기와 간절함,

유전자를 후대에 전하기 위한 치열한 싸움에서

살아남기 위한 새들의 눈물겨운
저 몸짓이 아름답다

갯골생태공원

꽃그림 엽서가 그려진
나무의자에 앉아
익어가는 가을을 보고 있다

말하지 않아도 알 수 있을 것 같은
울긋불긋한 삶의 이야기
저만큼 펼쳐진 억새밭 물결이
한 아름 쓸어 담고 하얗게 웃는다

긴 세월 함께 살아낸 눈빛처럼
서로의 손끝 닿을 때마다
부드럽게 전해지는 마음
실타래처럼 곱게 엮어

인생의 가을도 아름답게 익어가기를
파란 하늘에 띄워 보낸다

제3부

따듯한 저녁

대한(大寒) 형님 놀러 왔다 얼어 죽었다는
콧김도 얼어버릴 듯한 소한(小寒) 추위
살갗 벗겨낼 듯 착 달라붙어
뼛속까지 파고든다

마트 진열대 생선 코너
오늘 같은 날 얼큰한 동태탕 어때?
투명한 눈알 굴리며 말 걸어온다
얼큰한 양념장은 기본
보리새우 콩나물 쑥갓 대파 고니
한 줌씩 잘 쟁여 넣었다

손맛까지 덤으로 끓여낸 얼큰한 동태탕
숨 가쁘게 하루를 살아낸
사내의 허기진 위장을 달래줄 마법의 시간
종일 삐걱거리던 관절마다 피돌기를 하고
목젖을 넘어가는 정종 한 잔에
넉넉해지는 저녁 풍경

평범한 다짐

믿었던 사람이 욕심을 드러냈다
세상 이치 거스르지 않고
사람의 도리 어긋나지 않게 살자는
평범한 다짐을 도둑맞았다

상대 눈에는 별것 아닌 일처럼 보여도
내게 오는 동안 불길이 되어 상처 주어도
말하지 못하고 참고 견뎌낸 시간을
기억에서 지워버리련다

숲에서 불어오는 바람의 호흡을 느끼며 걷는다
내 안의 나도 여유가 필요하다는 것을 지나쳤다
최선을 다한다는 욕심으로
앞만 보고 달려오는 동안 나를 아프게 했다

주변을 채우는 작은 풍경이 모여
숲의 이름이 빛날 수 있다는 것을,
함께해서 더 아팠던 것조차

힘이 될 수밖에 없는 나이가 되었다는 것을

어제의 나와 오늘의 내가
나란히 어깨를 기대고 걷는다

팔불출이라도 좋아

언제 보아도 진심이 묻어나는 사람
알고 보면 허당기 넘치는 사람인 것을 사람들은 모른다
친구들과 어울려 한바탕 걸판지게 놀아야
세상 살아가는 맛을 느낀다는 사람들 이야기에
그럴 수 있다 하면서도
절대 그러지 못하는 사람
휴일엔 바람처럼 다녀오는 짧은 여행
퇴근 후 정종 두어 잔이면 행복해한다
그냥 한 잔 줘! 하면서도
둥근 양은 밥상에 올라온 안주를 보면
엄지 척을 올리고 세상 좋은 말은 다 끌어다 놓아
술상은 날마다 옷을 갈아입는다
바다가 되었다가 푸른 초원이 되었다가
땅속이 되었다가
등장하는 안주마다 진심인지 거짓인지
무조건 엄지 척을 하는 팔불출
매일 술만 찾는다고 잔소리하면서도
날마다 안주 걱정한다며

아빠보다 엄마가 더 큰일이에요 하는 아들의 말
슬그머니 장바구니를 챙긴다

짝퉁시대

발길 닿는 곳마다 그림자처럼 도착하는
코로나 알림 문자메시지 정신을 흔들어 놓고
삭제 버튼 눌러도 또다시 살아나고 살아나는,

사실이 아니라는 걸 뻔히 알면서도
깜박 속아 믿어버리게 하는
가짜가 진짜처럼
날마다 화면을 채우는 짝퉁이 넘쳐난다

속절없이 속고 속으며
뻥튀기처럼 부풀려진 사연들이
날마다 겁 없이 쏟아져 뒹굴고
가짜가 진짜처럼 불씨를 키운다

범인을 뻔히 알면서도
처벌하지 못하고 억울함에 발만 동동거리는,
더러운 기분을 도려내고 싶은데
애꿎은 얼굴만 마스크로 가리고 눈치 보고 있다

진즉에 알았더라면

사는 동안 자신의 의지와 상관없이
수시로 변하는 어정쩡한 기준 속에서
얼마나 많은 사람이
눈물을 쏟았을까

섣부른 판단으로 애매한 기준을 정하고
발목 잡혀 허우적대다 무너지는 오늘
뒤집을 묘안을 찾아
우왕좌왕하고 있다

속내를 모르면서
겉으로 드러난 모습으로
판단의 잣대를 들이대는 걸
진즉에 알았더라면
훌훌 털고 웃어버릴걸

봄은 멀다

산다는 것은 눈에 보이는 것보다
더 큰 고뇌와 시련이 있다는 걸
피톨 하나까지 겪어버린 사내가 있다

겨울밤을 하얗게 뜬눈으로 밝힌
중년의 사내가
발목까지 잠기는 하얀 눈길을 걷는다

누가 불러 세웠더라면
소리 없이 쓰러졌을지 모를,
혈관을 타고 스며드는 슬픔에
습관적으로 걸음을 옮겨보지만

이미 이 세상 사람이 아닌 것처럼
초점을 잃은 눈동자,
파리한 입술은 굳게 닫혀 있다

무엇을 위해 살아온 삶이란 말인가

이 빌어먹을 세상,
얼마 전 일기장에 끄적인
사내의 현실이 낯설지 않다

견딘다는 건

툭하면 돌부리가 나타나 발목 잡아
나에게만 이런 일이 일어나는 거냐고
억울한 기분에 젖어
무너져 내렸었다

부딪히고 깨지면서 상처로 얼룩져도
나에겐 버티는 것만이 최선이라
버리지 못할 바에야
오늘만 살자 했다

삶의 그림이 퍼즐 조각 맞춰지듯
맘처럼 빛나는 순간만 있었다면
한순간 흔들림에도
견디지 못했을 거다

산빛

혈맥을 짚어
술술 풀어내는 힘
이게 약손이더냐

여린 숨결로 다가와
뭉친 근육 풀어주고
혈색도 곱게 펴주는

너의 빛에
물
  들
    어

세상은 온순해진다

길 찾기

초행길은 낯설다
때때로 나도 모르는 함정이 숨어 있다
눈앞에 보이는 목적지를 보고도
먼 길 돌고 돌아간다

이정표도 없는 사거리
튀어나온 건물들이 비웃듯 바라본다
초행이라는 걸 잊은 채
초록 불을 보자 정답을 만난 것처럼
덥석 따라 나선다

반대편 도로를 달리는 버스를 보고
서둘러 오던 길을 돌아간다
신기루였던가,
노선표에 없는 버스였다

정답을 가장한 달콤한 일들이
세상엔 차고 넘친다는 걸 확인하듯

스스로 찾아내는 눈썰미가 없으니
몸도 마음도 고생이다
길 찾기 앱을 띄워도 어디가 어디인지
분간할 수가 없다

봄을 기다리며

조심조심 내딛는다
한 걸음, 한 걸음
어지러운 어제도 흔들리는 오늘도
조용히 잠들어
있는 듯 없는 듯
살아온 당신의 모습을 돌아보며
발자국마다 부끄럽지 않은
시간을 채운다
세포마다 길을 내며
살을 찢는 추위에도
갈 곳 잃은 몸과 마음 다독인 시간
그래도 꽃망울은 터질 것이라고
속삭이는 당신이 오고 있다
언제나 눈으로 확인하기 전에
먼저 달려오는 당신은
피해갈 수 없는 숙명이다

사진 속으로

청춘이 남긴 발자국
의미 없음이 아니었다는 것을
증명이라도 하듯
풍경에 녹아든 감정
하나둘 살아나 움직인다

길게 그어진 포물선 따라
시냇물 소리 들리고
어설픈 실력으로 잡은 물고기
양은 솥 가득 끓이던
여름날 왁자지껄한 우리들

주고받는 눈빛만으로 든든하고
함께여서 즐거웠던 시절
촘촘하게 엮은 시간의 그물 걷으며
한 장 사진에 멈춘 청춘,
그리움으로 읽는다

수선사에서

거미줄처럼 복잡한 세상사
새소리 불경 소리에 말끔히 씻기고
연못에 피어난 연꽃을 본다

젊은 혈기로 폭주하던
불볕더위도,
수선사* 꽃 진 자리 카페에 앉아
화선지에 스며드는 먹물처럼 고개 숙인다

경내 한 바퀴 돌아 나오자
저만큼 달아나 버리는 삼복더위
뒷목 움켜쥐게 하던 복잡한 사연도
툭툭 털어내는 여유를 부려본다

―――――
*수선사: 산청 절집.

세월 가는 줄 모르고

별것 아닌 일에도
얼굴이 발개지도록 웃고 울던
철없던 시절의 기억이
어제 일처럼 눈앞에 아른거리고

준비도 없이 바쁘게 떠난 인연들
함께하던 기억의 자리마다 밀려오는 그리움

뭐라 하지 않아도
아무 일 없어도, 무작정 올라오는 슬픔은
세월이 가는 줄도 모르고
혼자서도 잘 자랐나 보다

목울대를 뚫고 나오려 하지만
끝내 밖으로 나오지 못하고
날마다 몸집을 불리고 있었나,
통증만 깊어간다

소리가 사라졌다

하나의 문이 열리고
소중한 인연이
다른 세상을 향해 길을 떠났다

넉넉한 품으로 지켜주던
다정했던 기억마저 흔들리고
일상은 말문을 닫아버렸다

혼자된 오늘 생각하기도 전에
함께하던 시간은 멈추고
그리움의 언어 갈 곳을 잃었다

보고 싶다는 말이
낯설게 느껴졌다

일기장

태어나고 죽어가는 이들의 안부가
하루가 멀다 하고 알림문자로 뜬다

드러내놓고 주장하지 못한 아쉬움과 후회,
침묵으로 삭이느라 지쳤던 마음은
통증으로 얼룩져 상처로 남았다

입을 열기도 전에 무슨 생각을 하는지
이미 알고 있다는 듯
모서리가 닳아 반질반질한 일기장
하루하루 기록하던 지면 위
원하지 않았지만 때론 힘들고 지친 기억도
알게 모르게 큰 힘이 되었다는 문장을 읽는다

손끝에 머물던 오늘은 이미 과거가 되었다
새로운 시작을 알리는 인생의 전환점,
흔들리는 하루 여백으로 남는다

행복

며칠 밤을 끙끙거려도
어둠 속이다

걸음마를 배운 손주 돌부리에 넘어질까
숨어 지켜보는 할머니처럼
알 듯 말 듯 미소 지으며
주변을 빙빙 돌며 떠나지 못하고

다가가 덥석 손이라도 잡고 싶지만
쉽게 틈을 주지 않고
애간장 태우는
쓴물만 올라오는 불면의 날들

어둠 속에서 조각조각 모은 구절
펼쳐놓으니 어설픈 조각보처럼
시(詩) 한 편 눈앞에 있다

제4부

수수밭 뉴스

언덕 위 붉은 수수밭이 불안하다
눈만 뜨면 날아드는 까치들의 공격에
하루 종일 전쟁 중이다

알알이 품은 알곡을 지키려
초록 양파망 뒤집어쓰고 막아보지만
날카로운 부리로 쪼아대면
한순간에 빈털터리가 된다

까치가 울면 반가운 손님이 온다는 말은
새빨간 거짓말이다
올해도 할아버지 수수농사 다 망치고 있다
틈만 나면 비탈길 오르며 물 길어 나르던
까맣게 그을린 할아버지 얼굴에
수심이 가득하다

한 여자의 생일

여덟 달 만에 태어나서
보자기에 싸여 윗목으로 밀쳐졌다던
손 귀한 집안 셋째 딸
아들인 줄 알았는데 딸이라니,
헛기침만 해대는 할아버지 노여움에
숨어서 젖을 물렸다는
어머니의 한탄에 서러웠던 생일날이다

고등학생 아들의 시험 기간이라고
미역국 대신 콩나물국을 끓인 생일날
생일 축하한다는 시숙들의 문자메시지에
여자라는 이유로 어머니가 겪었던
웃지 못할 이야기가 떠올라 입맛이 쓰다

딸이라는 소리에 첫 국밥은 구경도 못하고
홀쭉하게 말라버린 젖을 몰래 물려야 했다며
사람 구실 제대로 못할 바에야
차라리 거둬가라고 빌었다던

스물넷 젊은 어머니의 한숨과 눈물
생일날이면 떠올라
목젖을 뜨겁게 밀어 올린다

추억의 입맛

생일날 하얀 쌀밥에 고깃국 먹으면서
행복한 웃음으로 초가집을 밝히던
둘째 딸 시집가던 날
소리 없이 울던 엄마가 있었다

세상이 달라졌다, 먹을 게 지천이다
넘쳐나는 먹거리가 아무리 맛있다 한들
엄마의 눈물 간으로 끓여준
고깃국만 하랴

요양원 가는 길

  들판은 초록 물결로 출렁인다. 너른 들판에서 모내기하던 어머니는 노인병원 낡은 병실에서 애증의 시간을 보내고 있다. 어린아이처럼 들뜬 어머니 목소리가 채찍이 되어 귓가를 맴돈다. 시골길을 돌고 돌아 병원이 가까워진다. 안부조차 묻지 않는 형제들을 향해 원망할 힘조차 남아 있지 않다. 행여나도 언제 그랬냐는 듯 돌아서게 될까 두렵기도 하다. 자신의 몸을 돌보지 않고 부모로 살아가는 원초의 희생 앞에 자식이라는 이름은 그저 죄인일 뿐이다. 딸들아, 아들들아. 곧 흰머리 늘어 주름살 퍼지면 뼈마디 옥죄어 오는 요양원 마당에서 울음 삼킬 날 있으리라. 고통의 시간이 아름다움으로 느낄 때가 되면 묘비명을 읽게 될 것이다. 우리가 견뎌야 할 것들이 아무리 고통스럽다 한들 외면하지 말자, 뿌리치지 말자.

개발제한구역

이눔의 집은 사람 사는 곳이 아녀
귀신 나올 것 같은 화장실도
내 맘대루 고칠 수가 읍으니 원,
무너진 벽을 마음대로 고칠 수가 있나
뭐하나 내 맘대루 할 수 있는 게 읍써

독립기념관을 지척에 두고
개발제한구역에 묶인 '이 동녕 생가지'
한때 일본 순사도 꼼짝 못하게 했다는
큰고모의 퇴색한 기침 소리에
대청마루 어긋난 마룻바닥이 쿨렁거린다

낡은 기와집 지붕 위로
떼를 지어 날아온 왜가리 날갯짓
막막한 하늘에 길을 내고 있다
덜컹거리는 문틈 사이로 기웃거리는
매캐한 냄새에도 끄떡 않고
쓰러져 가는 화장실 천장엔

거미줄이 가득하다

집안 곳곳 시퍼런 이끼로 잠들어 있는 적막
청정 그린벨트 지역이 역사의 풍광으로
가을볕에 기지개를 펼칠 수 있는 날이 오려나
쇠사슬 같은 개발제한구역은
굴곡진 고모의 삶이 끝나도록 풀리지 않았다

사진 한 장

한 장의 사진이 하회탈처럼 웃고 있다

풋내 나는 시절 스치듯 만난 친구
세월의 나이를 더하며
곰삭은 인연이 될 줄이야

말하지 않아도 눈빛으로 알게 되는
사연이 쌓이고 소소한 일상을 겪으며
피붙이처럼 가까워졌다

틈틈이 챙겨주며 쌓아온 정(情)
일일이 들춰내지 않더라도
목소리만 들어도 반갑고 따뜻했다

서로 어깨를 기대고
기쁨과 슬픔 나누는 오늘
오래된 사진 속에서 웃고 있었다

동강할미꽃

그대,
꽃을 피우면
동강에도 봄이 옵니다

석회암 절벽 터전 삼아
지난한 세월 견뎌내는
장한 꽃이여!

꼰대의 힘

엄마의 빈 젖가슴을 만지고 잠들던 날
세상은 온통 나를 응원하고 있었습니다
아홉 식구 밥상에 빙 둘러앉으면
기침 소리만으로도 무서운 아버지
눈치를 보느라 밥이 어디로 들어가는지
공손하게 꿇은 무릎이 저려오면
빈 밥그릇을 확인하고 일어섰습니다

부모님은 쉴 새 없이 논밭으로 일 나가시고
집안 청소와 빨래는 내 차지가 되었습니다
상처 난 손가락이 양잿물 빨랫비누에
퉁퉁 불어 벌겋게 곪아 통증으로 몸살을 앓아도
누가 시키지 않아도 알아서 일거리를 찾아
부모님을 돕고 싶었던, 일찍 어른이 된 나는
세상에 둘도 없는 효녀가 되어야 했었습니다

꼭꼭 숨겨두었던, 그 시절이 그리움으로 다가옵니다
육십을 바라보는 나이 탓이려니 하다가도

비빌 언덕도 하나 없는 형편에
칠 남매 뒷바라지에 온 동네 거친 일을
도맡아 하시던 일꾼, 아버지의 굽은 등과 찌든 일상
일에 지친 어머니의 거친 말투가 싫어
모르는 척 눈을 감았던 그 시절이 그리워집니다

나도 점점 꼰대가 되어가나 봅니다
세상살이가 점점 버거워지고 감당해야 할 몫이 커져
도망치고 싶다가도 아버지의 상처투성이 조막손이
떠오르면 목울대가 울컥해집니다
이까짓 것을, 못 견디고
징징거리는가 싶은 생각에 슬그머니 주먹을 쥐어봅니다

봄 편지

전통시장 어귀 허름한 좌판 펼쳐놓고
시커멓게 찌든 소매
히잉, 코를 풀어대는 할머니

묵정밭 돌며 캐온 냉이
바구니 수북하게 올려놓고
지나는 발길 돌려세운다

친구들과 들판으로 몰려다니며
바구니 가득 냉이 씀바귀 캐던
소녀들의 웃음 봄바람 타고
살랑살랑 날아가는 날이면

좋아한다는 말 대신
아지랑이, 냉이, 민들레, 개나리, 진달래
분홍 편지지에 또박또박
써 내려간 편지를 들고 새봄이 온다

아름답고 그리운

목련꽃이 피었습니다
하얀 꽃잎 닮은 그리움을 앞세우고
담장을 기웃거리던 까까머리 소년의
추억을 슬며시 꺼내놓았습니다

누런 도화지에 꾹꾹 눌러쓴
서툰 사랑을 전해주던 코흘리개 동생은
중년의 팔부능선을 넘었습니다

피었습니다, 목련꽃이
신열을 앓던 첫사랑 한 잎 두 잎
벙글어진 꽃송이가 하늘을 향해 외칩니다
아름답고 그리운 날들의 흔적이라고!

그때처럼 콩콩 가슴이 뜁니다
누군가 사랑해야 할 것만 같은 봄날
목련꽃이 눈부시게 피었습니다

머위 쌈

상처투성이 몸과 마음
보듬어줄 부모 형제 없어도
주저앉을 수 없었다

손톱 밑이 시커멓게 물이 들어도
사 남매 뒷바라지에 허리 펼 날 없었던,
지난한 삶의 아픔을 지우듯

내일이면 푸른 똥으로 쑤욱
빠져나갈 아픈 오늘이 아니더냐

비탈진 골짜기 바득바득 살아낸
쌉싸래한 머위 이파리 위에
세상사 애환을 담아 쌈을 싼다

세상이 뭐라 하든
혼자서도 가야만 하는 길

얼굴 붉히더라도 툭툭 털고 일어나
입이 터져라 머위 쌈을 먹는다

달빛

한낮의 창백한 고요

손끝에 머물던 하루

석양 그림자에 밀려나고

세상 이야기 보듬고 감싸던

품 넓은 사람의 안부를 묻는

열사흘 달빛이 다정하다

변방에서

어쩌다 객기를 부렸던가

오래전 둥지를 떠난
식솔들의 얼굴이 스친다

피붙이 챙기지 못한
회한의 눈물만 쏟는다

서울역 대합실 차가운 바닥에
죽은 듯 누운
사내의 한숨이 화면을 스친다

순천만에서

모든 걸 내려놓았다
잘했어, 잘한 거야
갈대의 속삭임이 들려왔다

해설

시간의 흔적, 혹은 의지의 기록

백인덕(시인)

1.

우리는 시간으로 만들어진 존재다. 다만, 시간을 의식하지 못할 때는 '어린 소녀'였는데 어느덧 '육십갑자'를 넘어서니 한밤중에 시계를 꺼도 새벽은 쏜살같이 달려와 있음을 보게 된다. 보통의 우리 인식에서 시간은 과거에서 미래로 비가역적으로 흐른다. 화살보다 빠르게 아니 광속(光速)으로. 과거를 성찰하거나 미래를 기대하거나 우리는 근사치인 현재에 존재할 뿐, 기억과 예상이 없다면 결코 '시간 그 자체'를 살지 못한다.

인도의 세 번째 대서사시 『마하바라타Mahabharata』에서 강인한 영혼인 야크샤(Yaksa)가 팝다바(Papdava)의 최고령자이자 현자인 유디스티라(Yudhisthira)에게 무엇이 가장 큰 신

비인지 물었다. 이 현자는 "매일 수많은 사람들이 죽는데도 살아있는 자들은 자신들이 불멸의 존재인 것처럼 산다."라고 대답했다. 또한, 고대 로마에는 '수정(愁精, Sorge)'의 신화가 있다. 수정은 지신(地神, Tellus)에게서 얻은 흙 한 덩이로 만든 형체에 주신(主神, Jupiter)의 영혼을 불어넣어 생물(Houmou→Homo, 인간)을 빚었다. 수정과 지신과 주신이 서로 이 생물의 소유권을 주장하다 결론을 내지 못하고 시간의 신에게 판정을 맡겼다. 시간의 신은 죽은 후에 육체는 지신이, 영혼은 주신이 도로 가져가라고 했고, 살아있는 동안에는 수정이 관장하라고 판결했다. 두 이야기는 우리는 영원히 살지도 못하지만 살아있는 동안에도 근심과 염려(불안)에 휩싸인 존재일 뿐이라는 사실을 깨우쳐준다.

이처럼 시간은 냉철하고 가혹하지만, 단지 우리를 그저 생겨났다 사멸하는 존재로 만드는 것이 아니다. '의미 있는 존재'가 되도록 변화하는 사건의 연속이라는 다른 얼굴도 보여준다. 인간은 기억과 기대라는 의식 작용을 통해 '불멸'이라는 환상을 제한된 시공간에서 자기의 역량만큼 실현한다. 창작 활동으로서 시작(詩作) 또한 자연스럽게 이런 의미를 띠게 된다. 따라서 흔적을 남기고 기록을 통해 이어지려는 모든 노력에는 그 규모와 깊이를 따지기 전에 어떤 비장함과 숭고함이 깃들기 마련이다.

한명숙 시인은 어둡고 차갑게만 느껴지는 시간의 물결 위에 자신의 의지와 경험에서 발생한 삶의 온기를 펼쳐 덮는다. 이를 통해 알록달록한 수채화까지는 아니더라도 음영(陰影)이 곱고 부드러운 한 생의 수묵화를 보여준다. 시인은 이번 시집에서 "둘째 딸 최고라는 칭찬에 상처가 곪아 터져도,/시키는 사람 없어도 즐겁게"(「마음의 빛」) 살림 놀이했던 어린 시절부터 "육십갑자 넘겼더니/별것 아닌 일에도 눈치가 보"(「80분」)인다는 최근까지의 사태와 심회(心懷)를 결 고운 어휘로 담담히 펼쳐낸다.

> 부모님은 쉴 새 없이 논밭으로 일 나가시고
> 집안 청소와 빨래는 내 차지가 되었습니다
> 상처 난 손가락이 양잿물 빨랫비누에
> 퉁퉁 불어 벌겋게 곪아 통증으로 몸살을 앓아도
> 누가 시키지 않아도 알아서 일거리를 찾아
> 부모님을 돕고 싶었던, 일찍 어른이 된 나는
> 세상에 둘도 없는 효녀가 되어야 했었습니다
>
> 꼭꼭 숨겨두었던, 그 시절이 그리움으로 다가옵니다
> 육십을 바라보는 나이 탓이려니 하다가도
> 비빌 언덕도 하나 없는 형편에
> 칠 남매 뒷바라지에 온 동네 거친 일을
> 도맡아 하시던 일꾼, 아버지의 굽은 등과 찌든 일상

일에 지친 어머니의 거친 말투가 싫어
모르는 척 눈을 감았던 그 시절이 그리워집니다
―「꼰대의 힘」부분

  시인은 어떤 희미한 자각과 여린 의지에 따라 "세상에 둘도 없는 효녀가 되어야 했었"다. '집안 청소와 빨래'를 도맡았고, 다른 '일거리'를 찾아서 했다. "부모님을 돕고 싶었던. 일찍 어른이 된 나"라는 초상(肖像)이 생겼다. 이런 행위의 자발성은 "죽어라 달려 봐도 언제나 꼴등인걸/응원 온 엄마 앞에서/창피해서 울어버렸다"(「달리기는 싫어」)라는 '트라우마'에서 기인한다. 하지만 이 트라우마는 일반의 생각처럼 어둡고 끈질긴 것은 아니다. 왜냐하면, '달리기만 아니라면', 즉 "배구도 높이 뛰기도 공부도 내가 낫"다는 것을 잘 알고 있기 때문이다. 나아가 "이십 리 먼 길 달려/학교 오는 친구 당할 수 없어"라는 친구를 긍정하는 태도마저 드러난다. 결국, 어린 날의 초상은 시인 자신의 심성(心性)에 의해서 형성된 것이라고 볼 수 있다. 그렇기에 "모르는 척 눈을 감았던 그 시절이 그리워"진다고 담담하게 회상할 수 있는 것이다.

  인간이란 결국 어떤 상황에서 제 역할을 하고 그에 걸맞은 감정으로 반응하면서 점차 '의미 있는 존재'로 성장한다. 우리는 발생이라는 먼 과거의 시점에서 어딘지는 알 수 없어도 반드시 도래(到來)하고 말 소멸까지를 단번에 꿰뚫어 볼 수 없다. 다만 시간의 파문이 일으키는 일련의 사건에서 수동적인 인자(因子)로 머물지 않고 적극적으로 행동할 수 있다. 변화를 통해 의미를 형성하는 행위야말로 의미 있는 존재의 기본 자질이다. 어느새 위치가 바뀌어 "내 맘을 알면서도 모르는 척 혼내는/엄마를 이해하려 해봐도 안 되더니/삼십 년 엄마인데도/몰라주는 아들이 서운"(「어른이 된다는 건」)한 상황을 마주한다. 지난날 "야속하다 원망하던 일들이/어쩔 수 없었다는 걸" 누가 가르쳐주지 않아도 수긍할 수밖에 없게 된 것이다. 이렇게 기억은 성찰의 모습으로 소환된다.

2.

시간은 흐를 뿐 쌓이지 않는다. 시간은 지금 여기서 걸어온 길의 저편까지 이어져 있는 것이 아니라 방금 내 발밑을 스쳐 흘러간 강물처럼 계속해서 멀어질 뿐이다. 우리는 시제(時制)가 아니라 근사치로 지금 이 순간 '현재'를 지각한다. 개념이 아니라 감각이 살아있음을 깨닫게 한다. 하지만 A.베르그송의 말처럼 "모든 지각은 이미 기억이다. 순수한 현재는 미래를 잠식하는 과거의 전진이기 때문에 우리는 단지 과거만을 지각한다", 즉 과거의 표상이 현재의 '나'로 환치되어 나타난다.

낡은 상자 속에 겹겹이 쌓여 있는 오래된 통장들을 보았다 입금보다 출금이 더 많았던 신혼이었다 계동 한옥마을 처마가 내려앉은 마당 없는 집이었다 문간방에서 주인집 발소리에도 예민하게 울던 아이를 업고 달래다 보면 새벽이 왔다 바가지에 떠놓은 물은 꽝꽝 얼고 아이의 발가락도 시퍼렇게 얼었다 아무리 따뜻하게 가계부를 써도 마이너스 기온은 올라가지 않았다 그럴수록 더 많이 웃었다 눈물이 헤픈 것보다 웃음이 헤픈 쪽을 택했다 가난했으므로 우린 서로의 벽이 되어줄 수 있었다 잔고가 없어도 결코 버릴 수 없는 희망이라는 통장이 우리에겐 있었다

　슬프다 말할 수도 울 수도 없던,
　　다들 그렇게 사는 줄 알았던 시절이 오래된 통장 속에
　저축되어 있다
　　　　　　　　　　　　　　　　　—「오래된 통장」 전문

　한명숙 시인은 우리 현대시에 비록 쓸모를 다했지만, 삶이 눅진하고 애잔하게 배어 있는 품목의 어휘에 또 하나 '오래된 통장'을 당당하게 추가한다. 모자와 구두, 담배 파이프와 레코드판, 일기장과 편지 묶음, 문고판과 외국 서적 등, 혹은 가계부와 메모가 가득한 달력은 읽어봤지만, 필자의 과문(寡聞) 탓에 '오래된 통장'을 보지는 못했다. 이 "낡은 상자 속에 겹겹이 쌓여 있는 오래된 통장"의 신선함은 현시대가 종이를 버리

고 인터넷과 모바일에 경도된다는 사실 때문에 더욱 함축적이다.

분명 그런 시절이 있었다. "아무리 따뜻하게 가계부를 써도 마이너스 기온은 올라가지 않았"지만 시인은 누가 시키지 않아도 "세상에 둘도 없는 효녀"가 되었던 심성으로 "눈물이 헤픈 것보다 웃음이 헤픈 쪽을 택했다" 왜냐하면 가난했기에 "우린 서로의 벽이 되어줄 수 있었"고 무엇보다 "잔고가 없어도 결코 버릴 수 없는 희망이라는 통장이 우리에겐 있었"기 때문이다. 끝내 이 '희망이라는 통장'은 '벽'이 되어준 그와 함께 "둥근 양은 밥상에 올라온 안주를 보면/엄지 척을 올리고 세상 좋은 말은 다 끌어다 놓아/술상은 날마다 옷을 갈아입는"(「팔불출이라도 좋아」) 오늘을 선사했다. 여전히 시인은 "넘쳐나는 먹거리가 아무리 맛있다 한들/엄마의 눈물 간으로 끓여준/고깃국만 하랴"(「추억의 입맛」) 여기지만, 일반적 의미의 트라우마가 아닌 흔적과 그에 동반하는 '그리움'이라는 감정을 담백하게 형상화할 수 있는 데까지 이르렀다. 따라서 "그리움으로 읽는"(「사진 속으로」) 청춘의 추억 여행을 가능케 하는 사진이나 "원하지 않았지만 때론 힘들고 지친 기억도/알게 모르게 큰 힘이 되었다는 문장을 읽"(「일기장」)을 수 있는 일기장도 '오래된 통장'의 다른 비유 형태라고 해야 할 것이다.

시인의 심성은 곧고 곱지만, "슬프다 말할 수도 울 수도 없던,/다들 그렇게 사는 줄 알았던 시절"의 '희망이라는 통장'은

차츰 말 그대로 '오래된', 즉 낡고 구태의연하고 시의에 적절하지 않은 것으로 변해간다. 시인에게 시간은 개인적으로 "별 것 아닌 일에도/얼굴이 발개지도록 웃고 울던/철없던 시절의 기억이/어제 일처럼 눈앞에 아른거리"(「세월 가는 줄 모르고」)는 그리움으로 물들어 "뭐라 하지 않아도/아무 일 없어도, 무작정 올라오는 슬픔"마저 겪게 한다. 하지만 이 슬픔은 곧바로 그리움이라는 정서로 치환되어 "흔들리는 하루 여백"(「일기장」)이란 성찰의 자리를 마련한다. 반면에 "사는 동안 자신의 의지와 상관없이/수시로 변하는 어정쩡한 기준"(「진즉에 알았더라면」)에 발목 잡히고 상심하게 되는 것이 세상이고, '나'를 완강하게 끌어안은 '세계'의 모습이다.

> 산다는 것은 눈에 보이는 것보다
> 더 큰 고뇌와 시련이 있다는 걸
> 피톨 하나까지 겪어버린 사내가 있다
>
> 겨울밤을 하얗게 뜬눈으로 밝힌
> 중년의 사내가
> 발목까지 잠기는 하얀 눈길을 걷는다
>
> 누가 불러 세웠더라면
> 소리 없이 쓰러졌을지 모를,

혈관을 타고 스며드는 슬픔에
습관적으로 걸음을 옮겨보지만

이미 이 세상 사람이 아닌 것처럼
초점을 잃은 눈동자,
파리한 입술은 굳게 닫혀 있다

무엇을 위해 살아온 삶이란 말인가
이 빌어먹을 세상,
얼마 전 일기장에 끄적인
사내의 현실이 낯설지 않다

―「봄은 멀다」 전문

누구도 세계 없이 자기중심적이 될 수 없고, 시대상이 투영되지 않은 시간을 살아갈 수 없다. 과학이란 이름으로 인간을 미시적으로 신경화학의 결합체로 환원하는 경향에 대해 A. 베르그송은 "신경계는 그것에 영양을 공급하는 유기체 없이, 유기체는 그것이 호흡하는 환경 없이, 이 환경은 그것이 머물고 있는 지구 없이, 지구는 그것이 주위를 선회하는 태양 없이 살아있는 것으로 생각할 수 있는가?"라는 통렬한 의문을 제기했다. 굳이 주체론을 역설하지 않더라도 우리는 감각만으로도 타인 없는 세계의 황량함을 이미 잘 알고 있다.

시인은 어떤 '사내'를 본 기억을 형상화한다. 사내는 "산다는 것은 눈에 보이는 것보다/더 큰 고뇌와 시련이 있다는 걸/피톨 하나까지 겪어버린" 위기의 존재다. 그는 '하얀 눈길'에서 "습관적으로 걸음을 옮"기고 있지만, "초점을 잃은 눈동자,/파리한 입술은 굳게 닫혀" 아무래도 "이미 이 세상 사람이 아닌 것처럼" 보인다. 이 자세한 묘사는 시인이 사내를 가깝게 관찰했음을 반증한다. 또는 "얼마 전 일기장에 끄적인/사내의 현실이 낯설지 않"기 때문에 이런 묘사가 자연스러운 것인지도 모른다. 어쨌든 시인은 '자신의 의지와 상관' 없는 세계에 전혀 무관심하지 않다. 가령,「손톱」,「소녀 가장의 눈물」,「동행」등의 작품은 세상의 부당함을 폭로하고,「말의 뼈를 찾다」,「값을 한다는 것」,「편안하신가요?」등은 마땅히 이 세상의 부당함을 해소하기 위해 애써야 하는 자들의 위선적 행태를 질타한다.

  하지만 한명숙 시인의 근원 정서는 분노와 광기 같은 것과는 전혀 결을 달리한다. 오히려 시인은 자신의 의지로 개선 가능한 세계의 범주에서 길을 찾고 있다. 방과후수업에서 만난 한 아이를 "네가 전학을 가고도/한 줄의 문장에 축복의 마음을 담은/너의 편지를 읽으며"(「천사에게」) 기꺼이 현실의 천사로 기억하는 것이 그렇다. 보다 시적으로는 "서로 그늘이 되어준다는/무언의 약속"(「그늘이 된다는 건」)을 발굴하고 그 의미를 확산하고자 하는 노력으로 나타난다.

쓰레기통 옆 빈터,

반쯤 깨진 빈 화분 속에서

작은 몸짓이 세상을 향한 날개를 펼쳤다

죽은 듯 숨어 지내던 이름 모를 풀씨들

태풍이 스쳐 간 후 촉촉해진 화분 위로

나, 포기하지 않았다

지치지 않았다

당당하게 무리를 이뤘다

눈길 주지 않는 버려진 곳에서

오로지 바람과 햇빛과 공기의 숨소리 듣고

스스로 살아나려는 의지가 닿아

세상의 부름을 받았나 보다

―「듣는다는 것은」 전문

  시인은 이미 「지칭개」에서 "사방에 널려 있다고/함부로 다루지 마라"고 직접 경고한 바 있다. 인용 작품에서 함부로 다루지 말아야 할 이유가 선명하게 드러난다. 세상의 생명은 '눈길'로 '날개'를 펼치는 것이 아니다. "오로지 바람과 햇빛과 공기의 숨소리 듣고/스스로 살아나려는 의지가 닿아"야 의미 있는 존재가 되고 "당당하게 무리를 이"룰 수도 있게 된다. 이

것은 시인의 오랜 경험이 빚어낸 결론이라는 점에서 시학으로서의 의미를 넘어선다고도 할 수 있다.

3.

한명숙 시인은 "세상에 둘도 없는 효녀"가 되었던 시간의 초상과 "입금보다 출금이 더 많았던 신혼" 시절의 흔적인 '희망이라는 통장'을 거쳐 "고등학생 아들의 시험 기간이라고/미역국 대신 콩나물국을 끓인 생일날"(「한 여자의 생일」)을 맞아 "엄마의 눈물 간으로 끓여준/고깃국"을 그리워하는 시간을 무사히, 그러나 "내일이면 푸른 똥으로 쑤욱/빠져나갈 아픈 오늘이 아니더냐"(「머위 쌈」)라는 기개로 버텨냈다. 오늘에 이르러 그 결과로 '행복한가'라고 묻지 않을 수 없다.

> 며칠 밤을 끙끙거려도
> 어둠 속이다
>
> 걸음마를 배운 손주 돌부리에 넘어질까
> 숨어 지켜보는 할머니처럼
> 알 듯 말 듯 미소 지으며
> 주변을 빙빙 돌며 떠나지 못하고

다가가 덥석 손이라도 잡고 싶지만

쉽게 틈을 주지 않고

애간장 태우는

쓴물만 올라오는 불면의 날들

어둠 속에서 조각조각 모은 구절

펼쳐놓으니 어설픈 조각보처럼

시(詩) 한 편 눈앞에 있다

—「행복」전문

  시인은 이제 '육십갑자'를 지나 스스로 '꼰대'가 되는 위험을 감수하면서도 시간이 준 깊은 흔적인 기억을 떠올린다. 그리하여 "세상살이가 점점 버거워지고 감당해야 할 몫이 커져/도망치고 싶다가도 아버지의 상처투성이 조막손이/떠오르면 목울대가 울컥해집니다/이까짓 것을, 못 견디고/징징거리는가 싶은 생각에 슬그머니 주먹을 쥐어"(「꼰대의 힘」)본다. 상대적으로 편안해졌지만 느슨해질 수 없는 삶의 자세를 견지하고 있는 것이다. 이때 '행복'은 "애간장 태우는/쓴물만 올라오는 불면의 날들"을 지나서 "어설픈 조각보처럼/시(詩) 한 편 눈앞에 있"는 형상으로 드러난다. 그렇기에 이번 시집은 시간의 흔적을 조각조각 모아, 의지로 꿰어 펼친 한명숙 시인의 시학의 조각보이자 행복의 결정판이 될 수도 있을 것이다.

문학의전당 시인선 366

오래된 통장

ⓒ 한명숙

초판 1쇄 인쇄　2023년 8월 24일
초판 1쇄 발행　2023년 8월 31일
지은이　한명숙
펴낸이　고영
디자인　헤이존
펴낸곳　문학의전당
출판등록　제448-251002012000043호
주소　충북 단양군 적성면 도곡파랑로 178
전화　043-421-1977
전자우편　sbpoem@naver.com

ISBN　979-11-5896-607-2　03810

*이 책의 판권은 지은이와 문학의전당에 있습니다.
*양측의 서면 동의 없는 무단 전재 및 복제를 금합니다.
*잘못 만들어진 책은 바꿔드립니다.
*이 시집은 2023년 한국예술인복지재단 창작지원금을 지원받아 제작되었습니다.